Susanne Scholl · Schäm dich, Europa!

Reihe KANTEN

Susanne Scholl

Schäm dich, Europa!

Eine Streitschrift

Für Barbara
mit meinen
wirklich besten
Wünschen – und
hoffentlich bleiben
wir in Kontakt.

Edition Konturen
Wien · Hamburg

Eisenstadt, 26.3.22

Bibliografische Information der Deutschen Bibliothek
Die Deutsche Bibliothek verzeichnet diese Publikation in der Deutschen Nationalbibliografie, detaillierte bibliografische Daten sind im Internet über http://dnb.ddb.de abrufbar

ISBN 978-3-902968-63-0
Druck: Donau Forum, 1230 Wien
Printed in Austria

Schäm dich, Europa!

Eine Streitschrift

Der Mensch lebt durch den Kopf.
Sein Kopf reicht ihm nicht aus.
Versuch es nur, von deinem Kopf
Lebt höchstens eine Laus.
Denn für dieses Leben
Ist der Mensch nicht schlau genug.
Niemals merkt er eben
Diesen Lug und Trug.
(Bertolt Brecht)

Ich stehe im Supermarkt. An einem ganz gewöhnlichen Donnerstag. Draußen scheint die Sonne. Der Himmel ist blau. Frühling liegt in der Luft, was für März eigentlich ungewöhnlich ist.

Ich brauche eine neue Zahnpasta, weil ich die letzten Reste heute früh aus der Tube gepresst habe.

Vor der Kasse, an der sich sonst eine junge Frau gepflegt langweilt, eine lange Schlange. Die Menschen vor und hinter mir sind schwer bepackt. Niemand hat weniger als zwei Großpackungen Klopapier, Papiertaschentücher und Küchenrollen bei sich.

Die Zeiten von Corona.

In Radio und Fernsehen wird regelmäßig wiederholt, dass Lebensmittelgeschäfte, Apotheken und Drogerie-

märkte – ach ja, auch Geschäfte, in denen Tierfutter verkauft wird – offen bleiben.
Trotzdem wird gehamstert.
Im Internet kursieren Gerüchte und auch einige Witze über den Run auf das Toilettenpapier.
Die Nachrichten bestehen nur noch aus Corona.
Schließlich sind „wir“ – die Zierde der Menschheit, sprich: wir Europäer – in Gefahr.

Ich gehe mit meiner Tube Zahnpasta nach Hause.
Im Kopf ein Bild.
Ein voll besetztes Schlauchboot. Menschen mit abgezehrten, ängstlichen, verzweifelten Gesichtern.
Von der Kaimauer aus stoßen andere Menschen – Hass ins Gesicht geschrieben – mit Eisenstangen gegen das Boot. Versuchen, es vom Festland wegzuschieben, stechen auf die dünne Gummihaut ein. Sie sollte die Verzweifelten vor dem Ertrinken bewahren.
Später hören wir: Ein Flüchtlingslager auf einer griechischen Insel brennt. Ein sechsjähriges Kind kommt dabei ums Leben.
Niemand reagiert. Europa schaut weg.

Europa im Jahr 2020

Wir haben versagt. Meine Generation, aber auch die Generation vor uns.
In Österreich hat man einer Geschichtslüge noch eine zweite übergestülpt. „Wir“ waren nicht nur „das erste

Opfer“, wir haben auch die „Stunde Null“ erklärt. Beides war gelogen.

Meine deutschen Freunde wenden ein: In Deutschland sind wir gezwungen worden, uns unseren Verbrechen zu stellen, aber im Grunde haben auch wir uns nicht wirklich damit auseinandergesetzt. In den Schulen wurde das behandelt wie der Dreißigjährige Krieg – weit weg und uns nicht mehr betreffend. Auch in Deutschland ist offenbar vieles zu schnell als „Geschichte“ abgetan worden.

Wir jedenfalls, meine Generation, haben uns zufrieden gegeben mit dem Versprechen, die Zivilisation sei gerettet, die Barbarei besiegt. Nie mehr werde geschehen, was nie hätte passieren dürfen und doch passiert ist. Und wieder passiert. Heute. Im 21. Jahrhundert. Im „zivilisierten“ Europa.

Es begann mit der Sprache.
Lange, bevor die Vernichtungsöfen brannten, bevor die Mörder sich der Gaskammern bedienten – lange davor also haben Menschen begonnen, anderen Menschen ihre Menschlichkeit abzusprechen.

Wann hat es angefangen? Das Sich-über-andere-Erheben, anderen ihr Menschsein abzuerkennen, anderen das Recht auf ihr Leben streitig zu machen?

Vielleicht schon in der Antike. Als diese Geschöpfe, die sich Menschen nennen, auf die Idee kamen, andere zu Sklaven zu machen.

„Das war schon immer so und wird immer so bleiben, der Mensch ist nun mal so!“ Diese Erklärung ist ebenso unbefriedigend wie vereinfachend.
Der Mensch rühmt sich doch seiner Fähigkeit, zu denken?
Warum aber dient das Denken so viel öfter dazu, sich Qualen für „die anderen“ auszumalen? Wieso denkt der Mensch vor allem an das Unrecht, das er anderen zufügen kann?

„Nein, das ist es gar nicht“, sagt man mir. „Wir denken an uns zuerst!“
Das stimmt. Oder doch nicht?
Wenn ich an mich zuerst denke, versuche ich, mir das Leben so bequem wie möglich zu machen. Das mag erklären, warum ich gern andere Menschen suche, die das für mich erledigen, was ich selbst nicht tun will.
Das leuchtet mir ein.
Aber warum muss ich diesen anderen ihr Menschsein absprechen?
Damit ich mich nicht unwohl fühle, wenn ich „die anderen“ tun lasse, was ich selbst nicht tun will?
Mag sein. Aber ich kann ihnen ja auch danken für ihre Arbeit und sie entsprechend materiell und ideell dafür belohnen?

Gut, das also ist der Mensch.

Er will nicht dankbar sein müssen und nicht daran erinnert werden, dass er faul, bequem und undankbar ist.

Erklärt sich so die Sklaverei?

Ach ja, und wir, die Menschen, brauchen immer andere, die schuld sind.

„Ich war das nicht, das war der Georg, das war die Katrin, die haben die Vase zerbrochen ...“

Jeder, der Kinder kennt, weiß, dass sie gern die Schuld an einem Missgeschick oder auch an einer „bösen“ Tat ihren imaginären Freunden oder Freundinnen zuschieben. Manchmal auch den realen Freundinnen und Freunden.

Kinder verhalten sich vor allem dann so, wenn man ihnen schon öfter mit Bestrafung gedroht hat.

Man sollte doch meinen, erwachsene Menschen müssten in der Lage scin, eigenes Fehlverhalten zuzugeben und sich einfach dafür zu entschuldigen.

„Sei nicht so naiv“, höre ich jetzt meine Freunde im Chor ausrufen.

Natürlich gibt keiner gern eigene Schuld zu, noch weniger sind wir dankbar für Hilfe, Rettung oder Verständnis.

Also eine traurige und vielleicht auch oberflächliche Erklärung für unser Verhalten als Menschen seit Menschengedenken.

Und doch.

In Zeiten, als wir begannen, uns mit der Zivilisation zu brüsten, wurde auch die Barbarei wieder groß gemacht. Jene Barbarei, von der behauptet wurde, sie sei spätestens seit dem Mittelalter überwunden. Angefangen mit dem Völkermord an den Armeniern, an dem sich die Nazis ein fatales Beispiel genommen haben.

Und damit sind wir im 20. Jahrhundert angelangt. Das sich an Barbarei durchaus mit dem Altertum und dem Mittelalter messen kann.

Und es begann wieder mit der Sprache.

Der Turmbau zu Babel als Beispiel für das „wir" gegen das „sie".
Wer sich nicht mehr verständigen kann, muss eine Begründung dafür suchen.
Warum aber kann man sich nicht verständlich machen?
Tatsächlich lernen Kinder von den Eltern, wie man kommuniziert. Was die Eltern nicht können, sollten die Kinder wenigstens in der Schule lernen.
Ist das wirklich so?

Vielleicht kränke ich jetzt manche.
Aber mein Eindruck ist, dass Kommunizieren in unserer Gesellschaft insgesamt nicht allzu gut ausgeprägt

ist. Ich meine das tatsächliche Kommunizieren, indem wir über das reden, was ist, nicht hohle Sprechblasen absondern.
Natürlich, man redet viel – aber vor allem aneinander vorbei.
Und man verwendet allgemein verständliche Kürzel.
Nach dem Ende der Sowjetunion fehlte uns – zum Beispiel – ein Feind.
Also schufen wir einen neuen.
Ich bin eine große Filmliebhaberin.
In den amerikanischen Filmen nach 1991 fand ich sehr bald einen neuen Feind: die Tschetschenen.
Eine kleine Volksgruppe, noch dazu Muslime, wehrhaft und im Kaukasus angesiedelt – ideal als neue Staatsfeinde, in Russland und weit darüber hinaus.

Danach kam der 11. September 2001 und seither haben wir ein einziges gemeinsames Feindbild – die Muslime.
Und da gibt es jede Menge Kürzel. Ein Name zum Beispiel.
„Auch wieder so ein Mohamed" – und alle wissen, was gemeint ist.
„So ein Kopftuchweib" – auch das verstehen alle.

Ich erinnere mich an den Streit um den ehemaligen österreichischen Präsidentschaftskandidaten Kurt Waldheim.
Man musste nur die „Ostküste" erwähnen – und alle wussten, was gemeint war.

Nämlich die bösen amerikanischen Juden, die mit ihrem vielen Geld versuchten, uns klein zu machen.
Erinnern Sie sich noch an das „Mia san mia", das damals so laut herausgebrüllt wurde. Bei jeder passenden und unpassenden Gelegenheit? An das „Jetzt erst recht"?
Alle wussten genau, was das hieß. Schuld waren „die Juden".
Die wenigsten hatten Skrupel, diese Sprache neuerlich einzusetzen. Jene Sprache, die am Beginn der Shoa stand.

Es beginnt immer mit der Sprache.

Im Sommer 2015 zeigte die Zivilgesellschaft, wie stark sie sein kann, wenn es sein muss.
Die Vorgeschichte ist schnell erzählt:
Der Krieg in Syrien uferte immer weiter aus. Verschiedene Bevölkerungsgruppen waren akut in Gefahr.
In den Flüchtlingslagern wurden die Lebensmittel knapp, denn Europa zahlte nicht mehr.
Die Menschen waren in Lebensgefahr und taten, was jeder von uns auch getan hätte. Sie machten sich auf den Weg in eine Weltgegend, in der sie zu überleben hofften.
Die meisten europäischen Staaten gingen auf Tauchstation.
Es war für Menschen wie mich, Menschen dieser so verwöhnten Nachkriegsgeneration, unerträglich, was da geschah. Und da es „von oben" keinerlei Reaktion

gab, machte sich manch einer aus Eigeninitiative auf den Weg. Man half, weil man Mensch war und andere Menschen nicht einfach verkommen lassen wollte.
Im Herbst, als die sogenannte „Flüchtlingskrise“ – ein falsches Wort, es war eine Krise der Staaten, nicht der Flüchtlinge – weitgehend gelöst war, meldete sich die politische Elite zurück und log die Geschichte um. Plötzlich war da nur von Krise und Gefahr die Rede, nicht von Hilfsbereitschaft und Menschlichkeit.

Und jetzt – mehr als fünf Jahre später – spricht man von offizieller Seite nur noch davon, „dass sich 2015 nicht wiederholen“ dürfe.
Was aber – frage ich – darf sich da nicht wiederholen? Die Menschlichkeit, die Hilfsbereitschaft, das Mitgefühl, die Solidarität?
Was heißt das für uns, für diese Gesellschaft, für unser aller Leben?

Als ich ein Kind war, wurde uns eingebläut, dass Flüchtlinge Menschen sind, die unserer Hilfe bedürfen. Vor allem, wenn sie aus den Ländern des sogenannten kommunistischen Blocks flüchteten.
Natürlich war die Sprache da schon verdächtig.
Ohne Scheu wurde Kommunismus mit dem gleichgesetzt, was in den Ländern an unserer östlichen Grenze und weiter im Osten – in der Sowjetunion – als Regime herrschte. Was natürlich falsch war. Nichts, was in seinem Namen geschah, hatte wirklich etwas mit der

Idee vom Kommunismus zu tun. „Die Idee war doch gut, nur an der Durchführung hat es immer gehapert", pflegte meine damals bald 100-jährige Mutter in ihrer letzten Zeit immer zu sagen, wenn wir über die Sowjetunion, Russland und den angeblichen real existierenden Sozialismus diskutierten.

Es wäre wert, darüber nachzudenken, was Kommunismus eigentlich sein könnte, doch dazu ist hier nicht der Ort.
Nachdenken aber müssen wir darüber, was Sprache aus Ideen und Utopien machen kann.
Was Sprache verbrechen kann, wenn sie entsprechend eingesetzt wird.
Sprache schafft Schlüssel. Kommunismus = böse. Kommunismus = gut. Kapitalismus = gut. Kapitalismus = böse.
Auf diese einfache Formel reduziert, weiß jeder sofort, worum es geht, und muss sich nicht weiter Gedanken darüber machen, was tatsächlich im Namen all dieser Schlüsselworte passiert.
In Wahrheit ist die Welt viel komplexer, als es die Sprache glauben machen will.

Nach dem Sommer 2015 haben sich die Bezeichnungen „Flüchtlinge und Migranten" in unseren Sprachgebrauch eingeschlichen. Inzwischen kann es sogar passieren, dass Flüchtlinge überhaupt nur noch als Migranten bezeichnet werden.

Da gibt es zum Beispiel einen österreichischen Finanzminister, der nach dem Brand im Flüchtlingslager Moria auf Lesbos ohne mit der Wimper zu zucken erklärt, man löse keine Probleme, indem man „Migranten nach Wien hole“, die „falsche Willkommenskultur in Wien“ müsse ein Ende haben.
Kann mir jemand erklären, wie Willkommenskultur falsch sein kann?
Ich kann das nämlich nicht verstehen.
Was die Vermischung der Begriffe Flüchtling und Migrant betrifft, so sind das in meinem Verständnis eben zwei Ausdrücke, die man nicht in einem Atemzug nennen darf.

Flüchtlinge sind Menschen, die um ihr Leben rennen.
Migranten sind Menschen, die auf der Suche nach einem menschenwürdigen Leben von einem Land ins andere „migrieren“.
Beiden Gruppen gemeinsam ist lediglich die Tatsache, dass sie inzwischen gleichermaßen unerwünscht sind in diesem unserem reichen, satten Europa.
Obwohl.

In Zeiten der modernen Pest – auch Corona genannt – fällt auf, dass wir die Flüchtlinge am besten aus unserer Wahrnehmung streichen, während die Migranten ganz eindeutig fehlen. Denn ohne deren billige Arbeitskraft wäre unsere reiche europäische Gesellschaft ziemlich arm dran.

Als AltenpflegerInnen, als ErntearbeiterInnen, als Arbeitskräfte für all jene Jobs, die wir – die reichen, satten EuropäerInnen – nicht mehr übernehmen wollen. Was wir allerdings nicht laut aussprechen, weil wir ja die Parole ausgegeben haben: „2015 darf sich nicht wiederholen."

Ein kluger Freund hat am Beginn der Corona-Krise – die tatsächlich und im Gegensatz zur sogenannten Flüchtlingskrise eine solche ist – sehr treffend und sehr lakonisch erklärt, die Muslime hätten Glück, denn sie hätten „jetzt Pause".

Wie klug diese Aussage war, ist mir erst bewusst geworden, als ich miterlebte, wie Menschen mit asiatischen Gesichtszügen auf der Straße beschimpft wurden.

Braucht unsere Gesellschaft also immer ein konkretes Feindbild?

Seit Jahrhunderten lebt die Menschheit mit dem Wunsch, einer Gruppe die Schuld an Missständen zuweisen zu können. „Das war schon immer so", sagt man mir.
„Wieso?", frage ich. „Warum?"

Rühmen wir uns nicht der Tatsache, dass wir – die Krone der Schöpfung – im Zeitalter des Fortschrittes, der Moderne schlechthin angekommen sind?

Und wenn dem so ist: Wieso folgen wir dann immer noch unseren „primitiven“, „atavistischen“, ganz und gar irrationalen Gefühlen?
Haben wir nicht genug angerichtet mit unserem blinden Menschenhass im schrecklichen 20. Jahrhundert?

So wie wir alle, die wir in Friedenszeiten aufgewachsen sind, habe ich nie daran gedacht, was wohl passieren könnte, wenn die Schranken, die unsere Unmenschlichkeit in Grenzen halten, wieder fallen sollten, ja dass sie überhaupt wieder fallen könnten. Auch ich habe Horrorfilme gesehen und mich gegruselt, war aber überzeugt, dass nie passieren würde, was allerdings durchaus immer wieder passiert ist.

Ich weiß, wieder kommt der Einwand, ich sei naiv, ja fast schon dumm, ich verstünde die Welt nicht und träumte sie mir so zurecht, wie ich sie gern hätte.
Mag sein.
Aber seit einiger Zeit beschäftigt mich ein Gedanke.

Im Mai 1945 waren die Nazis besiegt.
So haben wir es gelernt.
Waren sie wirklich besiegt?
Und wo waren all jene, die nicht nur einfach mitgelaufen sind?
Wo vor allem war das Denken, das solche Menschen über Jahrzehnte, ja eigentlich schon über Jahrhunderte beherrscht hatte?

Ein italienischer Philosoph meinte, in Italien habe man „una pietra", einen Stein, auf die Vergangenheit gelegt und sie damit für beendet erklärt.
Aber Vergangenheit vergeht nur, wenn man aus ihr lernt.
Was wir alle nicht getan haben.
Schon gar nicht wir Österreicher, die wir uns ohnehin aus der Verantwortung davongestohlen haben, als „erstes Opfer" – uns selbst verschweigend, dass wir auch „die ersten Täter" waren.
Und nicht Europa.
Europa, das von sich behauptet, ein Friedensprojekt zu sein, Europa, das einen Friedensnobelpreis erhalten hat. Heute wird an seinen Grenzen auf die Elenden geschossen, die vor Tod, Gewalt und Folter, vor Hunger und Angst fliehen.

Europa, das zulässt, was an seinen Außengrenzen gerade verbrochen wird.
Europa, das sich nicht scheut, offen auszusprechen, was eigentlich längst nicht einmal mehr gedacht werden dürfte.
Dass wir nämlich Menschen im Elend verkommen lassen.
Europa, das sich im Übrigen auf diese Weise seiner historischen Verantwortung gegenüber all jenen entzieht, in deren Ländern auch dank der europäischen Kolonialpolitik das Leben unlebbar geworden ist.

Damals, im Mai 1945, wurde behauptet, es sei vorbei mit Hass und Menschenverachtung, mit Gewalt und Zwei-Klassen-Leben.
Aber wohin sind die Menschen, ist das Gedankengut verschwunden?

In Deutschland wurden Menschen aus den umgebenden Ortschaften gezwungen, in die Konzentrationslager zu gehen und anzuschauen, was dort verbrochen wurde. Man durfte nicht mehr laut sagen, was man immer noch dachte, denn auch hier hatten sich die unmenschlich Denkenden und ihr unsägliches Weltbild nicht einfach in Luft aufgelöst. Man hatte sie nur gezwungen, sich dem zu stellen, was in ihrem Namen getan worden war.

In Österreich hat man sich dieser Verantwortung einfach entzogen. „Wir" waren gar nicht dabei, „wir" sind ja „nur mitgeritten"!

In Italien und Frankreich, so wie auch in Holland oder Polen und Ungarn, waren plötzlich alle im Widerstand gewesen.

In dem Teil Europas, den die Sowjetunion befreit hatte, galt die Devise: Hier leben die Guten, die Bösen sitzen drüben im Westen.
Im Westen galt die Devise: Die Nazis sind weg, jetzt sind die bösen Kommunisten der Hauptfeind.
Und allgemein herrschte die Meinung vor, man solle

nicht zurückschauen, sondern nach vorne. Daher sei es nicht nötig, sich mit dem auseinanderzusetzen, was jahrzehntelang den Menschen hier und dort in die Köpfe getrommelt worden ist.

Das „wir gegen die". Das „wir sind besser als die". Das „wer nicht ist, wie wir, ist ein Feind". Das „wer nicht ist wie wir, hat kein Recht auf Leben".
Nach dem Krieg, zur angeblichen Stunde Null, die es eigentlich nie gegeben hat, galt es, diese Ideen ein bisschen stiller zu halten, sie nicht allzu laut werden zu lassen.
Seither ist bald ein ganzes Jahrhundert vergangen. Es lebt schon die dritte Generation, der man diese Geschichtslüge eingebläut hat, und die Ideen von damals heben wieder frech die Köpfe. Niemand schämt sich mehr, wieder laut zu sagen, was damals zu Mord und Todschlag geführt hat. Wenn einer, wie Jörg Haider, von der „ordentlichen Beschäftigungspolitik der Nazis" spricht, dann finden nur wenige etwas dabei, und eine halbherzige Entschuldigung genügt, um das Ganze wieder vergessen zu lassen. Bei vielen ähnlichen Ungeheuerlichkeiten heißt es heute: „Das wird man wohl noch sagen dürfen!"

In Österreich gibt es derzeit einen Kanzler, der schamlos erklärt, man werde sich an „hässliche Bilder gewöhnen müssen".

Die hässlichen Bilder der im Mittelmeer Ertrunkenen, denen nach seiner Vorstellung zu Recht jede Hilfe verweigert wurde.

Wir diskutieren plötzlich darüber, wer leben und wer sterben soll.
Wir – nein, nicht wir, nur ein Teil dieser satten, selbstgefälligen europäischen Gesellschaft diskutiert darüber, ob man Menschen in Not helfen oder doch lieber die Grenzen dicht machen soll.
„Das Boot ist voll", heißt es heute wieder völlig ungeniert.
Und ich denke daran, dass ich nicht hier wäre, um dagegen aufzustehen, wenn meine Eltern an der Grenze zu England zurückgewiesen worden wären, als die Nazis ihnen nach dem Leben trachteten.
Ich denke an die Briefe meines später durch die Nazis ermordeten Großvaters, dem mit meiner Großmutter väterlicherseits zunächst die Flucht nach Belgien gelungen war, wo ihm aber Woche für Woche mit der Abschiebung zurück nach Deutschland, zurück in die Hände der Nazis, gedroht wurde.
Ich denke an den Onkel meiner Mutter, der mit seiner Tochter in Richtung Osten floh und dort nach Karaganda in eines der großen Lager des Gulag geschickt wurde.

Als ich in den 1990er-Jahren in Moskau lebte, wollte ich den Weg dieses Mannes nachrecherchieren. Was mir aus verschiedenen Gründen nicht gelang. Wirklich erschüttert hat mich die Antwort eines Archivars aus dem fernen Karaganda, der fragte, was das für ein Mensch gewesen sei, warum er nicht nach Deutschland zurückkehren wollte. Sei er vielleicht gar Jude gewesen?

Wenn ich noch Zweifel hatte, ob es die Stunde Null gegeben hat – mein Aufenthalt in Russland belehrte mich endgültig eines Besseren.
Der Antisemitismus ist dort bis heute vielleicht noch etwas stärker ausgeprägt als bei uns, doch im Grunde haben wir die gleichen Ideen in unseren Köpfen – den Köpfen der heutigen, der reichen, sicheren Europäer.
Und das sind keine guten Ideen.

Ich lebe gerade in Quarantäne. Ich gehöre zur höchsten Risikogruppe, bin 70 Jahre alt und habe Diabetes. So weit, so unangenehm.
Da ich aber immer schon sehr bequem war, kann ich mit der Selbstisolation gut leben, zumal ich Kinder habe, die sich um mich und für mich sorgen.
Die Quarantäne bewirkt, dass man viel Zeit zum Nachdenken hat.
Und es fällt auf, wie wenig Empathie diese durchaus reale Bedrohung eigentlich auslöst.
Zwar sind viele jetzt freundlich, fragen, ob man Hilfe braucht. Aber längst nicht so viele, wie man meinen würde.

Unter den Witzen, die es dank Corona jetzt überproportional häufig gibt, hat mich einer besonders aufmerken lassen.

Ein junger Mann kommt in ein voll besetztes Wartezimmer eines Arztes. Die Wartezeit – mindestens zwei Stunden.
Der junge Mann geht hinaus, kommt wieder herein und sagt laut: „Buon giorno".
Im Nu ist das Wartezimmer leer und er kommt sofort dran.

Verstehen Sie, was mich daran irritiert?
Menschen, die auch nur scheinbar asiatisch aussehen, werden neuerdings schief angeschaut, manchmal auch beschimpft oder angespuckt.
Als ob sie wegen ihrer Geburt am Ausbruch des Virus schuld wären.
Wie können Menschen eigentlich so denken?

Sie können das, weil man uns allen nachdrücklich und immer wieder vermittelt hat, dass wir nicht schuld sind, dass die Vergangenheit nichts mit uns zu tun hat, dass sich Nazis und Nazidenken in der Stunde Null in Luft aufgelöst haben. Deshalb trifft uns der Vorwurf nicht, wir würden uns ebenso unmenschlich verhalten.

Ich weiß, das Denken in Schwarz und Weiß, in „wir gegen die", das „wir sind was Besseres" – das alles kommt von sehr weit her. Eigentlich vom Beginn der Menschheit an. So zumindest hat man es uns beigebracht. Auch jetzt heißt es gern: „Das war schon immer so, das wird sich nie ändern, die Menschen sind eben so!“

Ja, vielleicht ist es so und es ist sinnlos, sich darüber Gedanken zu machen. Vielleicht ist es besser, einfach nur auf sich selbst und seine engsten Liebsten zu schauen. Vielleicht ist das aber auch – mit Verlaub – eine faule Ausrede?

Dafür sprechen zwei konkrete Erfahrungen der jüngsten Zeit. Zum einen der Sommer 2015, in dem Menschen, von denen wir das nicht unbedingt erwartet hätten, einfach Solidarität zeigten und halfen.
Zum anderen heute – mitten in der sogenannten Corona-Krise. Wo wirklich viele wieder einfach menschlich und solidarisch agieren.

Das macht mir Mut. Aber ich bin auch sehr beunruhigt über die vielen, die mit dem Begriff Solidarität so gar nichts anfangen können.
Zum Beispiel jene, die in den Ordinationen der Hausärzte Desinfektionsmittel, Einweghandschuhe oder Masken stehlen.

Oder die, die geglaubt haben, sie müssten unbedingt tonnenweise Klopapier nach Hause schleppen. Obwohl die Geschäfte offen sind und Nachschub gesichert ist.

Das zeigt, wie dünn jene Schicht an Demokratiebewusstsein bei den meisten Menschen rundherum ist, die es braucht, um sich solidarisch zu verhalten und gemeinschaftlich zu denken.

Angst und Hass löschen demokratisches Denken aus. Dem Hass und der Angst müssen wir unsere Empathie und unsere Solidarität mit jenen entgegensetzen, die Opfer dieses sinnlosen Hasses sind und bei vielen Angst auslösen, obwohl sie selbst am meisten Angst haben.

Und wieder lande ich bei meiner großen Sorge.

Als „wir" – ich meine jene, die damals die Macht übernahmen – 1945 bei der angeblichen Stunde Null vor den Trümmern der Welt standen, wurde die Parole ausgegeben: Nach vorne schauen!

Aber die Ideen, die von den Nazis jahrzehntelang in die Köpfe der Mehrheit der Bevölkerung hineingetrommelt wurden und die in Wirklichkeit das Erbe aus früheren Zeiten darstellten, waren da. Wir wollten das nur nicht sehen.

Man sagte nicht mehr unbedingt laut, dass Afrikaner „Kaffern" seien, Jugoslawen „Tschuschen", Araber „Kameltreiber" und Juden „Untermenschen". Aber man dachte es. Auch wenn Jahrzehnte vergangen sind, in denen wir regelmäßig über das „nie wieder" redeten

und aufzeigten, was alles an diesen Ideen verbrecherisch ist, so blieb bei der Mehrheit im Hinterkopf trotz allem dieses Gefühl der Überlegenheit. Des „Besser-Seins“, etwas Besseres zu verdienen, die anderen dagegen nicht! Plötzlich sind wir in einer verhängnisvollen Situation angekommen. Und ich meine nicht Corona.
Wir leben in einer Welt im Umbruch. Und wie reagieren wir darauf?

Wir erklären, dass eben nicht alle Menschen auf der Welt die gleichen Rechte haben, dass eben nicht unbedingt alle ein menschenwürdiges Leben verdienen, dass manche eben gleicher sind als andere.

Wir diskutieren, ob Menschen vor dem Ertrinken gerettet werden sollen. Ob wir Kinder in den schrecklichen Flüchtlingslagern in Griechenland oder dem Balkan umkommen lassen. Auf nassen, dreckigen Lagern, von Ratten gebissen.

Wir sorgen uns um Unternehmen, aber nicht um Menschen. In den USA denken Politiker laut darüber nach, bestimmte Gruppen von Menschen einfach dem Wohl der Wirtschaft zu opfern.

Und auf einmal ertappe ich mich bei dem Gedanken, dass ich – schon wieder – zu genau einer jener Gruppen gehöre, die man „einfach sterben“ lässt.

Nie zuvor war die Parole „Geht's der Wirtschaft gut, geht's uns allen gut" so falsch wie heute.
Wenn wir die Wirtschaft den Menschenleben vorziehen, sind wir keine Menschen mehr. Dann haben wir unser Menschsein an der Garderobe abgegeben.

Natürlich gibt es auch eine andere Möglichkeit. Es könnten zum Beispiel jene, die Unmenschlichkeit zum höchsten Gut erheben wollen, zunehmend zur Minderheit werden.

Wäre es nicht wunderbar, wenn diese neue Krise, wenn diese Pest uns eines Besseren belehren würde?

Doch die schlechten Nachrichten bleiben.
In den Flüchtlingslagern auf den griechischen Inseln leben Zehntausende zusammengedrängt. Auf engstem Raum, ohne wirkliche medizinische Betreuung und unter verheerenden hygienischen Bedingungen.

Zum Glück gibt es Menschen, die über die eigene Situation hinaussehen. Nicht viele, aber es gibt sie.
Ihre Forderung nach Auflösung dieser gefährlichen Situation und Überstellung der Betroffenen in menschenwürdige Unterkünfte stößt in weiten Teilen Europas auf strikte Ablehnung.

Wir haben die Verbrechen verdrängt und zugedeckt, aber sie nicht aus den Köpfen der Menschen entfernt.

So können Politiker immer noch sagen, man könne nicht den einen helfen, man müsse erst im eigenen Land jenen helfen, denen es auch schlecht geht. Denen man – nebenbei gesagt – auch nicht hilft.

Wir müssen zurück zum Anfang.

Was ist der Mensch, was unterscheidet ihn von den Tieren, die übrigens oft in ihrem Sozialverhalten menschlicher sind als die Menschen? Was muss geschehen, damit der Mensch diesen Ehrentitel wirklich verdient?

In Zeiten von Corona zeigt sich die ganze menschliche Niedertracht. Die politische vor allen anderen.

In den Flüchtlingslagern in Griechenland, im türkisch-griechischen Grenzgebiet, auf dem Balkan – überall dort leben Zehntausende Menschen unter Bedingungen, die wir im satten Mitteleuropa nicht einmal Tieren zumuten würden.

Diese Menschen haben keine Möglichkeit, minimale hygienische Standards einzuhalten. Keine Rede von Abstand halten, ständig Hände waschen, Masken und Handschuhe tragen. Sie sind der Pest des 21. Jahrhunderts schutzlos ausgesetzt. Da sie ohnehin extrem belastet sind durch die Flucht und die Lebensbedingungen, ist davon auszugehen, dass das Virus sie besonders heftig heimsuchen wird.

Was aber tut das Europa, von dem wir alle dachten, es wäre ein Friedensprojekt, das vor allem den Menschen, der Menschlichkeit, den Menschenrechten und der Menschenwürde verpflichtet ist? Es schaut weg.

Hier kehre ich zu meiner Grundthese zurück: Der größte Fehler der Politiker in der zweiten Hälfte des 20. Jahrhunderts war die Ausrufung der Stunde Null 1945.
Denn diese Denkungsweise, die jetzt zutage tritt – dieses „wir sind wir und die anderen sind uns egal" – hat sehr viel damit zu tun, die Menschen in lebenswert und lebensunwert einzuteilen. Die einen sind schutzwürdig – die „lieben Landsleute", „alle, die hier wohnen" – die anderen eben nicht. Die einen sollen vor dem Virus bewahrt werden, die anderen setzt man ihm kalt lächelnd aus.

In Ungarn wird jetzt ganz offen und ungeniert die Demokratie abgeschafft.

Und Europa – das Friedensprojekt – schweigt.

Doch wenn in Ungarn einfach das Parlament ausgeschaltet wird, dann geht uns das sehr wohl etwas an. Dann muss unsere politische Führung durchaus dazu Stellung beziehen. Ebenso wie die Politiker in ganz Europa.
Was sie nicht tun. Sie drehen sich vielleicht gerade noch angewidert weg.

In Österreich passiert nicht einmal das. Im Gegenteil, die österreichische Regierung unterschreibt nicht einmal den Appell von 13 europäischen Staaten zum Schutz der Demokratie. Weil diese Regierung es sich nicht mit dem Neodiktator Viktor Orbán und den anderen Ländern der Visegrád-Gruppe verscherzen will, die in Orbáns Richtung tendieren.

Die neue Geschichtslüge lautet: „Wir" haben genug für die Flüchtenden getan, wir müssen nicht noch mehr helfen.

Aber kann man eine wirklich neue Gesellschaft auf Lügen aufbauen?
Ich denke nein und ich denke, dass es das ist, was momentan unser Leben ziemlich beeinträchtigt.

Zu schreien, die Flüchtlinge und Migranten – eine unsägliche Formulierung – seien an allem schuld, setzt die Behauptung, die Juden würden das Elend der Welt verursachen, mit anderen Mitteln fort. Und mit Flüchtlingen und Migranten sind natürlich Muslime gemeint, denn es muss natürlich auch noch eine religiös-ethnische Ausgrenzung geben, damit das nationalistisch-xenophobe Gedankengut befriedigt ist.

Und jetzt sind wir also mitten in der unglaublichsten Krise aller Zeiten – einer Krise, die zeigt, wie schwach all unsere Versuche sind, die Vergangenheit hinter uns zu lassen.

Die Menschen reagieren wie Menschen.
So weit, so verständlich.
Und die Politiker reagieren wie Politiker.
Auch das war nicht anders zu erwarten.
Aber.

Wieso bleibt Solidarität nur auf das engste Umfeld beschränkt?
Und wieso geht es immer wieder darum, jene mundtot zu machen, die offen kritisch denken und reden?

Es gibt Aufrufe, Menschen aus den unsäglichen, gefährlichen, lebensbedrohlichen Flüchtlingslagern in Griechenland ins viel sicherere Mitteleuropa zu holen.
In Österreich lehnt die Regierung das rundweg ab, in Deutschland gibt es wenigsten kleine Gesten.
Vielleicht war die sogenannte Vergangenheitsbewältigung in Deutschland – wo man sie sehr viel massiver einforderte – eben doch nicht ganz ineffektiv? Auch wenn sie sogar dort nur an der Oberfläche kratzte.
Doch die Frage, warum Menschen anderen Menschen mehr Raubtier sind, als Raubtiere einander, bleibt unbeantwortet.

Eine Überlebensstrategie?
Wenn ich andere misshandle, ist dann mein Überleben sicherer?
Das ist unlogisch – und vielleicht gerade deshalb wahr?
Nein.

Der Mensch ist ein denkendes Wesen – meine ich. Ist er nicht auch ein mitfühlendes, nicht nur ein fühlendes Wesen?

Offenbar ist das ein Denkfehler.
Der Mensch fühlt, bezieht aber alles nur auf sich selbst.
Er fühlt also nicht mit. Oder? Ich kenne sehr empathische Menschen, die solidarisch sind und sich auch engagieren. Sind sie wirklich eine Bedrohung für Regierungen und Machthaber?
Lässt sich der Holocaust so einfach erklären?
Es wurde nur wenig untersucht, was die Mörder empfunden haben, die Menschen folterten und dann in den Tod schickten.
Kann ein Einzelner tatsächlich morden und dann nach Hause gehen und seine Kinder in die Arme nehmen?
Kann man Mord tatsächlich als Handwerk betreiben?

Ich kann nicht nachvollziehen, was in den Menschen vorgegangen ist, wenn sie andere, Kinder und Alte, der Folter und den Mördern preisgaben.
Ich erschrecke, wenn ich ein fremdes Kind irgendwo auch nur in die Nähe einer befahrenen Straße laufen sehe. Wenn ich ein fremdes Kind weinen höre, tut mir das Herz weh.
Vielleicht übertreibe ich mit meinem Mit-Fühlen. Aber ich kann nichts dagegen tun.
Wie also ergeht es einem Menschen, der eine ganze Gruppe von Kindern ins Gas schickt?

Wie geht es einem Menschen, der von „hässlichen Bildern“ spricht und zusieht, wie Kinder im Meer versinken?
Ohne das gleichsetzen zu wollen, bleibt die Frage dieselbe!
Und solange wir keine Antwort auf genau diese Frage finden, bleibt auch die furchtbare Vergangenheit des furchtbaren 20. Jahrhunderts unbeantwortet.

In Zeiten von Corona entstehen jetzt merkwürdige Formen des Miteinander oder besser des Gegeneinander.
Zum Beispiel gibt es jene „Alten“, die finden, man wolle ihnen mit den Vorsichtsmaßnahmen nicht das Leben retten, sondern sie an den Rand drängen, sie in die Isolation zwingen, ihnen ihre Stimme nehmen.

Ich bin eine Alte und gehöre zur wohl höchsten Risikogruppe. Ich empfinde die Maßnahmen weder als Bevormundung noch als Zwang. Ich sehe sie als richtig an, weil ich zwar alt sein mag, aber nicht sterben will, und weil ich weiß, dass meine Kinder sich um mich sorgen, weil sie mich noch länger bei sich haben wollen.

Aber das Leben, wie es in den vergangenen 70 Jahren so dahingeplätschert ist, hat offenbar vielen das Gefühl vermittelt, dass man sich gegen alles wehren muss, was vom Staat kommt – ohne viel darüber nachzudenken, ob es vernünftig ist oder nicht.

Ich bin ein kritischer Geist – zumindest bilde ich mir das ein. Und ich lasse mich sehr ungern bevormunden. Aber ich bin auch in der Lage, Menschen zuzuhören, die wissen, was in einer solchen Krise zu tun ist.

Meine Sorge gilt den Jungen. Denen, die jetzt ihre Arbeit verlieren, denen, die in den Spitälern all jene betreuen, die jetzt an der Seuche leiden. Jenen, die später dafür kämpfen müssen, dass die Demokratie nicht vollends degeneriert und ad absurdum geführt wird.

Ich betrachte mich auch als Teil jener Zivilgesellschaft, der die Pflicht zukommt, einer fatalen politischen Entwicklung entgegenzuwirken.
Aber das heißt nicht, dass ich vernünftige Maßnahmen nur um des Protestes willen nicht annehme.

Was sagt uns das alles über unsere humanistische Einstellung?
Dass wir noch lange nicht so weit sind, uns wirklich Humanisten und Demokraten nennen zu dürfen.

Ich weiß nicht einmal, ob wir das Recht haben, uns Menschen zu nennen.
Juden pflegen es als höchstes Lob zu verstehen, wenn sie über eine Person sagen können: „Er ist ein Mensch!“
Viele meiner Freunde verstehen mich nicht, wenn ich dieses Lob ausspreche.

Tatsächlich ist ein Mensch einer, der diesen Ehrentitel auch wirklich verdient. Viele sind das nicht – wie ich immer wieder feststelle.

In Zeiten von Corona singen viele gern am Nachmittag vom Balkon oder aus dem Fenster. An einem Nachmittag sang ein Mann mit schöner Baritonstimme einen italienischen Schlager – und prompt schrie eine Frau mit schriller Stimme aus einem Fenster, er solle den Mund halten, so schön sei das nicht. Ist das ein Mensch? Ist das menschlich?

Natürlich liegen die Nerven blank. Aber ist der Radfahrer wirklich ein Mensch, der einer Frau mit weißen Haaren, die allein im Wald spazieren geht, zuruft, sie solle gefälligst zu Hause bleiben?

In Krisenzeiten verliert das Menschsein offenbar jeden Anspruch auf Respekt. Ja, viele helfen, viele sind solidarisch, vor allem die, die gar keine Wahl haben, weil sie für das Allgemeinwohl arbeiten. Aber ebenso viele leben nach dem Prinzip: Hauptsache, mir geht's gut, die anderen sind mir egal. Ist das Menschsein?

Dabei erinnere ich mich an eine Situation in den 1990er-Jahren. Es ging damals ums Gas. Die Ukraine blockierte die Gaslieferungen nach Europa, um von Russland gewisse Zugeständnisse zu bekommen. In der Slowakei saßen die Menschen in ungeheizten Wohnungen und viele Fabriken standen still. Haben wir angeboten, den Slowaken auszuhelfen? Wir und alle anderen Europäer, die von der Blockade weniger betroffen waren? Nein, haben wir nicht. Das „Friedensprojekt" war nicht imstande, solidarisch zu agieren.

Neuerdings sind Verschwörungstheorien wieder mehr als beliebt.
Corona ist ganz harmlos, man will nur uns Alte einsperren, uns mundtot machen und überhaupt …

Ja, ich glaube auch, dass solche Situationen Machthaber dazu verleiten können, sich der vollen Macht zu bemächtigen – welch sprachliche Ungeheuerlichkeit – und diese im Windschatten der Pandemie weidlich zu nutzen.

Ich will aber nicht an einem Virus sterben, weil manche meinen, sie müssten ihren Protest dadurch ausdrücken, dass sie keine Rücksicht nehmen.

Und wieder kehre ich zu meinem Gefühl zurück, 1945 sei ein fataler Fehler begangen worden.

Wie anders ist sonst erklärbar, dass Menschen sich beim Mahnmal gegen Krieg und Faschismus am Wiener Albertinaplatz versammeln und sich nicht schämen, den Ruf „Wir sind die neuen Juden" ertönen zu lassen? Dass eine Teilnehmerin an dieser sogenannten Demonstration für Freiheit auf die Skulptur des den Boden waschenden Juden steigt – ohne jede Scheu?

Wir haben die Stunde Null erklärt und darauf vertraut, dass das Gedankengut der Täter und dessen Verfechter nach und nach aussterben. Stattdessen hat das Gedankengut unter der Oberfläche weitergelebt und weitergebrodelt. Und die Träger haben es weitergegeben an Kinder und Enkel, die Kinder und Enkel wieder an ihre Kinder und Enkel.

Lasst uns wenigstens jetzt damit beginnen, uns unserer Vergangenheit zu stellen.
Darüber nachzudenken, was Menschsein, Humanismus, Solidarität und Gleichberechtigung tatsächlich bedeuten.

Aber nein.
Wir sind ja mitten in der Pandemie.
Und was geschieht?
Die Menschen rennen haufenweise irgendwelchen Verschwörungstheoretikern nach – vor allem solchen, die die üblichen Verdächtigen als Schuldige ausgemacht haben: die Chinesen, die „Asylanten", Bill Gates, die Juden.

Kaum jemand denkt darüber nach, dass uns die Natur eine große Warnung zukommen lässt. Dass es keine Frage von Schuld ist, sondern darum geht, wie wir mit solch einer Krise umgehen. Wie wir miteinander und auch mit der Natur umgehen.

Ich neige nicht dazu, mystisch zu denken. Ich bin ein ziemlich pragmatischer Mensch. Gerade deshalb verzweifle ich jetzt manchmal an der Menschheit. Menschen, die ich bisher für vernünftig hielt, erklären mir, dass das mit diesem Virus alles nur eine große Lüge sei, die dazu dienen solle, uns alle zu versklaven. Und dass wir uns dagegen wehren müssten.

Wenn ich frage, wogegen wir uns genau wehren müssen, erfahre ich, dass Bill Gates uns versklaven will, das Virus eine Erfindung der CIA ist und Impfungen uns krank machen.

Was tun gegen diesen modernen Aberglauben?

Ich frage mich, ob der Fehler nicht nur bei der Lüge über die Stunde Null liegt, sondern auch bei dem Wunsch der Mächtigen, alle anderen in Unwissenheit und Aberglauben zu halten, weil dann das Herrschen so viel leichter ist.
Sind wir wirklich eine Herde dumpfer Schafe, die glauben, was ihnen der verkleidete Wolf erzählt?
Und kann ich mich selbst eigentlich ausnehmen von dem Wunsch, einfache Antworten auf komplizierte Fragen zu bekommen?

Ich habe diesen Text an jenem Tag zu schreiben begonnen, als wegen des Virus das Leben fast auf null gestellt wurde.

Wenn ich Freunde besuchen und mit ihnen über dieses und jenes diskutieren kann, stelle ich fest, dass das Unsägliche von vor 1945 wieder ganz entschieden den Kopf hebt.

Wieder gibt es Pauschalurteile und vor allem jede Menge Aberglauben, der – vermeintlich wissenschaftlich untermauert – den Menschen weismachen will, dass alles, was eigentlich zum Wohl aller geschieht, nur dazu dient, ihnen etwas wegzunehmen.

Plötzlich entsteht allen Ernstes eine Diskussion darüber, ob man alte Menschen retten soll, falls das Virus sie krank macht.
So wie man in den letzten Jahren ernsthaft darüber diskutierte, ob man Menschen auf der Flucht im Mittelmeer ertrinken lassen soll.

Das aber ist doch genau jenes Gedankengut, mit dessen Hilfe man damals Juden, Roma und Sinti oder auch psychisch Kranke und Homosexuelle zu „unwertem Leben“ erklärt hat.

Mit einem Wort: Wir leben schon wieder in der akuten Gefahr, der Unmenschlichkeit anheimzufallen.

Es vergeht kein Tag, an dem ich nicht schreien möchte vor Hilflosigkeit, Trauer und Zorn über die Ungeheuerlichkeiten, die im feinen Maßanzug daherkommen und sich als Vernunft verkaufen wollen.

Dabei wäre die Pandemie eigentlich eine Gelegenheit. Eine Chance, nachzudenken, zu reflektieren, sich zu besinnen.
Geschehen ist das nicht.

Den beiden Lügen vom ersten Opfer und von der Stunde Null wollen so manche jetzt noch eine weitere hinzufügen. Die Lüge von der „Neutralisierung der Geschichte".

Der große Menschheitsverbrecher Hitler wurde in Braunau am Inn geboren. Das Haus steht noch. Und es dient vielen Neonazis als Pilgerstätte. Vor einigen Jahren wurde deshalb ein Stein vor das Haus gesetzt. Ein einfacher, unbehauener Stein aus dem Steinbruch von Mauthausen – einem jener schändlichen Folterorte des sogenannten Dritten Reiches.

Auf dem Stein steht „Millionen Tote mahnen" unter der Forderung nach dem Ende von Faschismus, Rassismus und Antisemitismus.

Das Haus verfiel zunehmend. Das Projekt, daraus ein Haus der Vernunft zu machen, in dem Menschen aus aller Welt eine Begegnungsstätte finden könnten, fand keinerlei Widerhall. Stattdessen gab es durchaus einflussreiche Personen, die der Ansicht waren, man müsse „die Geschichte neutralisieren". Man solle den Stein ins Museum bringen und das Haus selbst zur Polizeistation umwandeln.

Zum Glück konnte eine Initiative durchsetzen, dass der Gedenkstein bleiben kann. Das Projekt Polizeistation wird jedoch ausgeführt. Hitlers Geburtshaus als Polizeistation. Bekomme da nur ich Gänsehaut?

Was heißt es, die Geschichte zu neutralisieren? Das kann mir niemand erklären, aber meinem Gefühl nach bedeutet das doch nur, die Geschichte zuzudecken, zu vergessen ...

Am 6. August 1945 ließ die amerikanische Führung eine Atombombe über der japanischen Stadt Hiroshima abwerfen. Mit unfassbaren, entsetzlichen Folgen.

So weit, so menschenverachtend und verurteilungswürdig.
Aber die japanische Führung hatte in den Jahren davor unvorstellbare Gräuel überall dort verbreitet, wo sie die Macht an sich gerissen hatte.
Was die Bombe in keiner Weise rechtfertigt und auch nicht jene wenige Tage später – am 9. August – auf Nagasaki.

Heute gedenken wir der Opfer der Atombombenabwürfe, nicht aber der Opfer des japanischen Unrechtsregimes. Auch das hat etwas mit Geschichtslüge zu tun. Geboren aus der Angst, irgendwann einmal könnte jemand auf die Idee kommen, auch auf uns Europäer eine solche Bombe abzuwerfen.

Und irgendwie hat das alles wohl auch mit „Neutralisierung der Geschichte" zu tun – eine verhängnisvolle Kombination, die uns heute in eine mehr als prekäre Lage bringt und für die Zukunft nichts Gutes erahnen lässt.

Wir sind eine denkende Spezies.
So sagt man.
Manchmal bezweifle ich das massiv.
Wenn wir eine denkende Spezies sind, warum denken wir dann nicht?

Wir lassen Menschen in Flüchtlingslagern eng gedrängt darauf warten, dass das Virus sich ihrer bemächtigt.
Wir sorgen uns um Autoindustrie und Flugreisen, statt die Gelegenheit zu nutzen, um etwas gegen den Ruin des Klimas auf unserer Welt zu unternehmen.
Wir geben die Schuld an allem „den Chinesen", „den Muslimen", den „Asylanten" – und am liebsten wie immer „den Juden". Denn wir können es nicht ertragen, uns einer tragischen Situation zu stellen, ohne sogleich einen Schuldigen auszumachen.

Am 2. August 1944 – man gestatte mir die geschichtliche Abschweifung – ermordeten die Nazis in Auschwitz fast 4000 Roma und Sinti. Männer, Frauen, Kinder. Eine halbe Million von Roma, Sinti und Lovara sind im Holocaust ermordet worden.

Wir schreiben das Jahr 2020. Es gibt immer noch kein Mahnmal für diese Opfer. Den 2. August als Jahrestag des Holocaust an Roma und Sinti begehen diese unter sich.

Auch hier tritt die Geschichtslüge mehr als eindrücklich zutage. Der Mord an diesen Menschen wird mit einem Schulterzucken abgetan. Auch sie waren Menschen, Opfer, die man nicht vergessen darf. So, wie man auch alle anderen Opfer nicht vergessen darf.

Aber wir haben nichts gelernt aus der Geschichte. Wir, Europäer, Menschen, haben nicht gelernt, dass jedes einzelne Opfer solcher staatlicher Verbrechen eines zu viel ist. Ganz egal, welchen Geburtsort, welches Geschlecht, welche Hautfarbe, welche Nationalität, welche Religion es haben mag.

Wir sind immer noch bei dem „Wir gegen alle anderen!". Wir sind immer noch bei der Annahme, wir seien „etwas Besseres", wir seien „die Krone der Schöpfung", wir hätten das Recht, besser zu leben als alle anderen. Wir Europäer sind immer noch der Meinung, unsere

Kultur sei die einzig wertvolle, allein seligmachende und daher auch allein schützenswerte.

Wie aber kommt es, dass wir nicht bereit sind, über unseren Tellerrand zu schauen? Dass wir vergessen wollen, wofür wir doch die Verantwortung tragen?

Weil wir das Vergessen zum höchsten Prinzip erhoben haben. Das Wegschauen zur unbedingten Voraussetzung für gutes Leben. Die drei Affen – nicht hören, nicht sehen, nicht reden – zu unseren absoluten Idealen gemacht haben. Weil wir unser Leben jenen überlassen, die das Wort Skrupel nicht einmal buchstabieren könnten, wenn sie es denn überhaupt kennen.

Schämen wir uns! Als Europäer, als Menschen!

Am Ende sind die Vernünftigen immer in der Minderheit, siegen immer die Dummen, Bösartigen, bösartigen Dummen.

Und wenn wir diesen Kreislauf durchbrechen?
Stéphane Hessel hat uns aufgefordert, uns zu empören!
Ich möchte, dass wir anfangen, zu denken und mitzufühlen.
Ich möchte allen zurufen: Denkt daran, was ihr verlieren könnt und was zu gewinnen wäre, wenn wir uns auf unser Menschsein besinnen würden und die, die das nicht wollen, isolieren könnten.

Warum muss die Vernunft ein Schattendasein führen, warum darf die Unvernunft ungebremst ihr Unwesen treiben?
Wehren wir uns dagegen. Verhelfen wir der Vernunft zur Regel in unserem Alltag.
Das würde unser Leben durchaus und wirklich lebenswert machen.
Und zwar für alle.

Eine Bekannte hat sich kurzfristig entschlossen, als Lieferdienst für Gärtner zu fungieren und uns allen Gemüse nach Hause zu bringen.
Von Beruf ist sie eigentlich Journalistin. Aber sie wollte den Gärtnern und auch uns allen helfen.
Auf diese Art bin ich endlich wieder einmal zu wirklich frischem Gemüse gekommen.
Und zu einer Einsicht.
Warum geht das jetzt?
Und eigentlich könnte das doch auch nach Corona noch gehen?

Ich meine damit nicht nur das frische Gemüse.
Ich meine damit die Solidarität, die manche so selbstverständlich zeigen und andere so gar nicht wahrhaben wollen.

Ich finde, dass wir den „Corona"-Schwung mitnehmen sollten.
Und unsere Gesellschaft auf neue Beine stellen.

Auf Beine der Solidarität, des Respekts und der Menschlichkeit.
Vielleicht begreifen jetzt endlich doch mehr Menschen, dass man Geld nicht essen kann und Ruhm uns nicht vor Regen schützt.

Was wir besser machen sollten?
Wir sollten jene belohnen, die tatsächlich die Gesellschaft am Leben erhalten, wenn es eng wird.
Die Lehrer, die Ärzte und die Pflegerinnen, die Kassiererinnen im Supermarkt und die Regalschlichter. Die Lastwagenfahrer und die Briefträger, die uns bringen, was wir brauchen. Die Kindergärtnerinnen, die Altenbetreuerinnen und die Polizisten – sofern sie sich nicht autoritär und empathielos zeigen.
Belohnen sowohl im materiellen wie auch im geistigen Sinn.
Das ist wahrscheinlich unsere einzige Hoffnung, auf Dauer als wirklich demokratische Gesellschaft zu überleben.

Ich habe diesen Text im ersten Lockdown begonnen.
Ich dachte, nicht nur ich würde diese Zeit dazu nutzen, einen Schritt zurückzutreten und das Leben mit Gelassenheit zu betrachten.
Mir zu überlegen, wie wir alle besser miteinander auskommen und gemeinsam das zu ändern versuchen, was dringend in unseren Köpfen und in unserer Welt geändert werden muss.

Natürlich habe ich mich geirrt. Kaum war der erste Lockdown vorbei, ging alles so weiter wie bisher. Inzwischen hat es einen zweiten und dritten Lockdown gegeben. Vielleicht wird es noch weitere geben müssen.

Nutzen wir sie.
Es gilt, eine gesunde, menschenwürdige Welt zu schaffen. Eine lebenswerte Welt für uns alle.